AF497366

CHIMÈRE

ET

RÉALITÉ.

OPÉRA-COMIQUE,

EN UN ACTE ET EN VERS;

représenté, pour la première fois, sur le Théâtre Feydeau, le 17 Nivôse an XI.

PAROLES DE Mr. ***;

MUSIQUE del signor BLANGINI.

Perhaps the supposition is not chimerical, that the shades of the dead are permitted to revisit the scenes of mortality, and to hover round those on whom, when they possessed corporeal essence, their affections were fixed.

THÉODORE, A Domestic tale, t. II, p. 141.

« Peut-être n'est-ce pas une supposition chimérique, que celle qui attribue aux ombres des morts la faculté d'errer ici-bas dans les lieux qui leur étoient chers, et autour des personnes qu'ils aimoient. »

DE L'IMPRIMERIE D'A. ÉGRON.

PARIS,

CHEZ BARBA, Libraire, Palais du Tribunat, n°. 51.

AN XI. — 1803.

PERSONNAGES.   ACTEURS.

TERVILLE.... M. Elleviou.

ZÉLIE........, Mme Saint-Aubin.

LISETTE..... Mme Gavaudan.

La scène est chez Zélie, à la campagne.

CHIMÈRE

ET

RÉALITÉ.

OPÉRA-COMIQUE.

Le Théâtre représente une salle très-vaste et très-antique. A droite, sur le devant de la scène, est une cheminée à côté de laquelle est un grand paravent déployé de maniere à former une espèce de cabinet, ouvert seulement sur le devant de la scène ; dans ce retranchement sont deux fauteuils, un tableau monté sur un chevalet, et une table sur laquelle sont des livres et des fleurs.

SCÈNE PREMIÈRE.

LISETTE, *seule, assise, un livre à la main.*
(Elle bâille.)

Oh ! oh ! tout en lisant, je me suis assoupie.
Je rêvo*s*..... O mon Dieu, que mon rêve étoit beau !
Mille plaisirs charmans..... Le bal, la comédie.....
Je m'éveille..... et me trouve au fond d'un vieux château.

A I R.

Plaisir, Dieu chéri des mortels,
Viens ranimer mon existence !
Je brûlerai sur tes autels
L'encens de la reconnoissance.

(ajustant ses cheveux à l'aide d'un miroir de poche.)

Quoi ! pas un homme en ce triste manoir !
Pas un seul homme ! oh, l'ennuyeuse vie !
Et pour s'entendre dire enfin qu'on est jolie,
N'avoir, hélas ! que son miroir !
Plaisir, etc.

Laissons à la vieillesse
Les chagrins, la tristesse ;
Que l'heureuse jeunesse
Sacrifie au Plaisir !
La maxime est très-sage ,
Et c'est vraiment dommage
D'être encore à mon âge
Réduite au seul désir.

Non, je ne conçois pas le travers de Zélie.
Orpheline, et pouvant, par un triple bonheur,
Disposer de ses biens, de sa main, de son cœur,
    Fuir les hommes..... quelle folie !
  Dans la retraite elle vient s'enterrer ;
Elle assemble autour d'elle et musique et peinture ;
Les arts qu'il est très-bon de chérir, d'admirer ,
Ne nous consolent pas pourtant de la Nature.
Ma maîtresse surtout raffolle de lecture.
Et quels livres, bon Dieu, que tous ceux qu'elle lit !
Il en est de charmans qu'on dévore à son âge :
Tant de jolis romans, pleins de sens et d'esprit,
Où l'on parle si bien d'amour, de mariage.....
Ce sont précisément ceux-là qu'elle proscrit.
Des Traités de Morale et de Métaphysique,
Traduits de l'espagnol ou de l'italien,
Vrai galimathias où l'on ne comprend rien,
Voilà de son esprit la nourriture unique.
Mais je ne vois pas là ce bouquin vermoulu
    Qu'en sa dernière maladie,
    Plus de vingt fois elle a relu.
C'est l'elixir de tous. Dans cette rapsodie,
  Il est parlé d'un céleste lien ,
    Puis d'un amant aérien ,
    De qui le commerce angélique.....
Cela, je crois, s'appelle un amour Platonique.....
Ma foi, cet amour-là ne sera pas le mien.
J'entends du bruit ; c'est elle..... Encor convalescente,
    Comme elle est pâle, languissante !
Ses yeux semblent couverts d'une épaisse vapeur,
Et son esprit troublé reçoit avec ardeur
Toutes les visions que la foiblesse enfante.
Elle s'avance..... Hélas ! toujours son air rêveur !

SCÈNE II.

ZELIE, LISETTE.

ZÉLIE, *se parlant à elle-même.*

Oui, ces accords touchans ont un charme céleste.
LISETTE *s'approchant d'elle.*
Mademoiselle.....
ZÉLIE.
Ils pénètrent mon cœur.
LISETTE.
Elle ne me voit pas. Je devine de reste
Ce qui l'occupe.
ZÉLIE.
Ils sont l'avant-coureur
D'une félicité.....
LISETTE.
Daignez, je vous supplie,
Faire trève un moment à votre rêverie.
ZÉLIE.
Ah! Lisette, c'est toi.
LISETTE.
Moi-même, et grâce au ciel,
C'est un corps très-matériel,
Qui vous salue. (à part.) Elle est distraite.
ZÉLIE
Écoute.
LISETTE, à part.
Encor quelque folie. (haut.) Eh bien ?
ZÉLIE.
Je vais sans doute
Te faire grand plaisir.
LISETTE.
Grand plaisir! Et comment ?
De ce gothique bâtiment

Nous éloignerions-nous?

ZÉLIE.

Non, mais quelqu'un arrive.

LISETTE.

Quelqu'un? qu'entends-je?

ZÉLIE.

Eh! oui.

LISETTE.

Du sexe féminin?

ZÉLIE.

Non, c'est un homme.

LISETTE.

Un homme! ah! je respire enfin.

ZÉLIE.

Mon Dieu! comme vous êtes vive!

LISETTE.

Et quand l'attendez-vous?

ZÉLIE.

Demain.
Je cède aux désirs de ma tante.

LISETTE, *avec joie.*

De votre tante! ô ciel! l'ai-je bien entendu!

ZÉLIE.

Quoique son protégé ne me soit pas connu.....

LISETTE.

Oh! croyez-moi, vous en serez contente.

ZÉLIE.

Vous le connoissez donc?

LISETTE.

Autrefois je l'ai vu,
Figure aimable et tournure charmante,
Vingt-cinq ans.

ZÉLIE.

Que me dites-vous?
Monsieur Robert en a soixante.
Quant à sa tournure, entre nous,
Je ne la crois pas très-brillante.

(7)

L I S E T T E, *interdite*.

Monsieur Robert! Et c'est là votre époux!

Z É L I E.

Qui vous parle d'époux, Lisette?
C'est d'un intendant qu'il s'agit.

L I S E T T E.

Quelle méprise, hélas! j'étois si satisfaite
De voir que ma maîtresse égayât sa retraite,
Et qu'un époux nous vînt dans ce séjour maudit!
    Je croyois que monsieur Terville,
A qui vos bons parens destinoient votre main,
    De vos refus triomphoit à la fin;
Que la raison.....

Z É L I E.

      Cessez un discours inutile;
Je vous l'ai dit cent fois, ce zèle est vain.

L I S E T T E.

Pardonnez, ma bonne maîtresse,
Vous fâcher n'est pas mon dessein;
Mais c'est que j'ai tant de chagrin
De voir ainsi dans la tristesse
Se consumer votre jeunesse,
Quand vous pourriez.....

Z É L I E.

      Tu ne sais pas,
Ma pauvre enfant, combien, crédules que nous sommes,
    Nous avons tort de nous fier aux hommes,
Peut-être à tes dépens un jour tu l'apprendras:
Cela me fait frémir.

L I S E T T E.

Je me résigne, hélas!

Z É L I E, *en sonnant et après un moment de rêverie.*

Oh! si ton âme moins grossière
A de pures félicités
Pouvoit.....

L I S E T T E.

Je manque de lumière;
Je n'entends rien du tout à vos subtilités.

Z É L I E.

Que cette Lisette est vulgaire!

Suis mes conseils, crois-moi, que tes vœux épurés,
Aux terrestres plaisirs renoncent par degrés;
Bientôt un habitant de la sphère éthérée.....
Tu ris..... Je veux guérir ton incrédulité.
Apprends qu'hier au fond d'un bosquet écarté,
D'une fraîche et pure soirée,
Je savourois la volupté.
La magique rêverie
D'un voile transparent couvroit tout à mes yeux;
D'une douce mélodie
Les accords délicieux
Retentirent soudain dans mon âme saisie;
Je me crus transportée au séjour de ces Dieux
Que nous peint la Mythologie.
Dans mon étonnement, trois fois je répétai :
Est – il sûr que je veille?
Trois fois les mêmes sons frappèrent mon oreille,
Et je ne doutai plus de leur réalité.
Cependant il est sûr que dans ma solitude
Nul mortel ne s'est introduit;
Moi-même avec inquiétude
J'ai visité chaque réduit.
Que faut-il donc penser? Est-ce un Sylphe, un Génie,
(Je ne sais quel nom lui donner),
Qui, venant partager ma retraite chérie.....
Oh! oui, plus que jamais je veux m'y confiner;
Aux attraits enchanteurs de la mélancolie,
Plus que jamais je veux m'abandonner.

LISETTE.

Eh bien, cela promet; vous êtes consolante,
Avec vos contes bleus. Oui dà! de mal en pis
Nous allons donc tomber. Je suis votre servante.
Je n'y tiens plus, je vous en avertis.
En deux mots, il est dur de périr à mon âge,
Et de solitude et d'ennui;
J'ai voulu vous quitter cent fois, même aujourd'hui;
Mais je vous aime, dont j'enrage.

(Elle sort.)

SCÈNE III.

ZÉLIE, *seule.*

Je le vois, en effet, je parois bien sauvage.
　　Presque en naissant, j'ai, du malheur,
　　Fait le cruel apdrentissage.
Mes parens ont payé, dans des jours de douleur,
La dette des vertus, le tribut du courage;
　　Ils ne sont plus. Ma tendre sœur,
Celle qui me restoit pour consoler ma vie,
Victime de l'amour, à son tour m'est ravie.
Et je me livrerois à la société !
　　Je quitterois mon solitaire asile ;
　　　J'enchaînerois ma liberté !
　　　Non, non, n'espérez pas, Terville,
　　　Vaincre jamais ma volonté.
　　　Que j'aime bien mieux la chimère
　　　Où je me plais à m'égarer !
De ce monde idéal dont j'aime à m'entourer :
Combien l'illusion (si c'en est une) est chère !
Que cet asile heureux plaît à mes jeunes ans !
　　　Sans ennuis, sans inquiétude,
J'y nourris mon esprit des trésors de l'étude,
　　　Et les ombres de mes parens
　　　Viennent peupler ma solitude.

ROMANCE.

Séjour que chérissoit ma mère,
Où j'ai vu ma sœur près de moi,
On te nomme à tort solitaire,
Je trouve l'univers en toi ;
Dans ton sein ma douce existence,
Coule sans trouble et sans langueur
Entre la paix de l'innocence
Et les souvenirs du bonheur.

Si quelquefois je m'abandonne
A des prestiges séduisans ,
Que la froide raison pardonne
À ce délire de mes sens ;
Il faut bien, puisque sur la terre
Règnent l'injustice et l'erreur,
Créer un monde imaginaire,
Afin de rêver le bonheur.

A tous les miens seule pourquoi survivre ?
Pourquoi le mal récent qui menaça mes jours
   N'en a-t-il pas fini le cours ?
Mais ces réflexions auxquelles je me livre,
   Malgré moi reviennent toujours ;
A la bibliothèque allons chercher mon livre ;
     (*On entend du bruit à gauche de la scène.*)
Mon livre favori...!. Qu'entends-je ? Assurément
   Un bruit qui n'est pas ordinaire
A frappé..... Si c'étoit..... Encore ma chimère ?
Sortons ; où m'égaré-je, et quel aveuglement ! *(Elle sort.)*

<hr>

SCÈNE IV.

TERVILLE, *seul.*

*(Il fait partir un ressort secret ; un panneau de la
boiserie s'ouvre ; il entre dans la salle du côté gauche.)*

   (*Gaîment.*)

Ma foi, quoi qu'il arrive en telles conjonctures,
Dans le parc à la fin je suis las de rôder ;
Voyons, je veux tenter les grandes aventures.
   Ô ma fortune, accours me seconder !
    Déjà, sans rencontrer personne,
Au milieu du château me voilà parvenu ;
Terville..... c'est plaisant ! ce lieu m'est si connu !
Ce cabinet secret, sans que nul le soupçonne,
Donne sur un salon qui conduit au jardin ;
   D'un saut j'ai franchi la croisée,
   Et me voilà. Le tour n'est pas bien fin,
   Me dira-t-on ; la ressource est usée.
    Peut-être, soit : j'en conviendrai ;
Mais par la porte enfin je ne suis pas entré.

RÉCITATIF.

Montrons-nous aux regards de la fière Zélie ;
Sa beauté, ses refus allument mon ardeur :
Je suis vraiment piqué ; j'engage la partie.
J'en veux venir à mon honneur.

RONDEAU.

Fuir au jeune âge
Un tendre amant,
C'est faire outrage
Au sentiment ;
Et la Nature
Sait quelque jour
Venger l'injure
Faite à l'Amour.

Sous le buisson
La fleur cachée
Meurt desséchée
Dans sa prison.
Cœur sans amour
N'est autre chose
Que lis ou rose
Privé du jour.;

Car au jeune âge
Fuir un amant, etc.

Mais si, de l'aile,
Zéphir léger
Vient dégager
Rose nouvelle,
Au jour serein,
La fleur plus belle
Ouvre son sein :
Sitôt qu'il aime,
Au vrai bonheur,
On voit de même
Eclore un cœur.

Car au jeune âge, etc.

(Il s'assied.)
J'éprouve cependant un certain embarras ;
Je crains des scènes, des éclats.

SCÈNE V.

T E R V I L L E, *sur le devant de la scène,*
L I S E T T E, *dans le fond du Théâtre.*

L I S E T T E, *parlant à la Cantonnade.*

De ce viéil intendant, quoi ! la valise arrive ?
Eh bien, qu'on la dépose ici.
(Montrant la chambre voisine.)
T E R V I L L E.

Allons, il faut prendre un parti.
(Il se retourne, et voit Lisette.) (Il s'approche d'elle à
petits pas,)
Que vois-je ? une soubrette ! Elle me paroît vive ;
Elle a, je le soupçonne, un minois fort joli.
Tâchons de la gagner.
L I S E T T E, *se retournant.*
Ciel ! vous, monsieur Terville !

TERVILLE.

Est-ce Lisette que je vois ?
Par quel prodige ici ?

LISETTE.

J'y suis depuis deux mois.
J'ai quitté Célimène et les jeux et la ville,
Pour vivre avec Zélie au milieu de ces bois.

TERVILLE.

Que n'ai-je su cela ?

LISETTE.

Mais, dites-moi, vous-même,
Comment avez-vous pu pénétrer jusqu'ici ?

TERVILLE, *ouvrant le cabinet secret.*

Je vais faire cesser cette surprise extrême.

LISETTE.

Que vois-je ! un cabinet !

TERVILLE.

Sans doute, le voici.

LISETTE.

Personne en ce château n'en connoît l'existence.
Après deux mois de résidence,
Comment n'a-t-on pas deviné.....

TERVILLE.

Oh ! je n'en suis pas étonné.
Depuis la mort du père de Zélie,
Ce manoir fut abandonné.
C'est lui (car il aimoit les plaisirs, la folie)
Qui fit ouvrir ce cabinet,
Dont j'eus seul jadis le secret.
Mais, ma chère enfant, le temps presse ;
Irrité des refus de ta belle maîtresse,
J'accours en ce lieu pour la voir.
Mes lettres n'ont pas su désarmer sa rudesse,
Peut-être ma personne aura plus de pouvoir.
Croirois-tu bien que, sans l'apercevoir,
Auprès de ce château depuis hier je guette,
Et que je suis réduit, Lisette,
Comme un langoureux Troubadour,
A soupirer ma peine aux échos d'alentour ?
(*Il fait le geste d'un homme qui joue de la flûte.*)

LISETTE, *riant.*

Ah! ah! ah! du bosquet je conçois l'aventure.

TERVILLE, *vivement.*

M'auroit-elle entendu, Lisette?

LISETTE.

Assurément.

TERVILLE.

Avec plaisir?

LISETTE.

Avec ravissement.

TERVILLE.

Que je t'embrasse! O ma victoire est sûre.
Je cours à ses genoux tomber dès ce moment,
Lui dire.....

LISETTE.

Eh! quoi, monsieur, vous voudriez paroître.....
Mais vous n'y pensez pas; faites réflexion.....

TERVILLE.

Je sais que ta maîtresse a quelque aversion.....

LISETTE.

Vous êtes loin de la connoître.
Oh! si vous saviez tout..... Avant qu'à son courroux.....
Mon Dieu! je crains qu'elle ne vienne :
C'est fait de moi, c'est fait de vous,
S'il faut qu'ici l'on nous surprenne.
Un homme! juste ciel! Je pourrois cependant
Vous admettre en ces lieux, par grâce singulière,
Si vous étiez sexagénaire,
Comme monsieur Robert, cet honnête intendant,
Qui doit venir demain, personnage prudent,
Et qui nous est fort nécessaire.

TERVILLE.

Comment! Monsieur Robert, dis-tu?
Je le connois beaucoup. Il a même à mon père
Pendant long-temps appartenu.
Ce bon Robert! Enfant, j'aimois à contrefaire
Son dos voûté, sa voix..... Mais quel trait de lumière!
Dis-moi, Lisette, est-il connu?

LISETTE.

De la tante, beaucoup, c'est elle qui l'adresse.

TERVILLE.

Ah ! ah ! c'est elle ?

LISETTE.

Oui, monsieur, mais la nièce
A coup sûr ne l'a jamais vu.

TERVILLE.

Jamais vu ! mais voilà mon affaire trouvée.
C'est moi qui suis Robert : par zèle j'ai voulu
Accélérer d'un jour mon arrivée.
Un jour ! un jour est un trésor,
Et pendant ce temps-là..... Vraiment, c'est parler d'or ;
Mais il faudroit perruque à ce rôle assortie,
Chapeau, surtout....

LISETTE.

Je sais où trouver tout cela :
Du vrai Robert la garde-robe est là.
Venez, venez.

TERVILLE.

Quelle folie !

*(Ils vont chercher la valise dans la chambre voisine, et
en retirent quelques effets.)*

D U O.

LISETTE.

Tenez, ceci vous conviendra.

TERVILLE.

Fort bien, ceci me conviendra.

ENSEMBLE.

Voyons ce que deviendra
Cette aventure.

LISETTE.

Essayez d'abord le surtout.

TERVILLE.

Essayons d'abord le surtout.

ENSEMBLE.

Quelle grâce ! quelle tournure !

LISETTE.

Puis la perruque : elle est du meilleur goût,
Et va bien à votre figure.

TERVILLE.

Puis la perruque ; elle est du meilleur goût,
Et va fort bien à ma figure.

LISETTE.

Puis le petit manchon ;
Le genre en est très-bon.
Rien à présent, ô mon Dieu, non,
Rien ne manque à votre parure.

TERVILLE.

Puis le petit manchon ;
Le genre en est très-bon.
Rien à présent, ô mon Dieu, non,
Ne manque plus à ma parure.

Et ma voix maintenant,
C'est un point important.

LISETTE.

Oui, la voix maintenant,
C'est un point important.

TERVILLE.

(Il imite la voix de vieillard, en s'adressant à Lisette.)

Voyons : *Adorable personne*
Que près de vous mon sort sera charmant :

(Il tousse.)

ENSEMBLE.

Fort bien, fort bien, vraiment :
Je ne crois pas qu'elle soupçonne
Que cette voix soit celle d'un amant.
Pour un jeune homme est-ce folie
Que de chercher à se vieillir ?
Tant de vieillards ont la manie
De chercher à se rajeunir.

SCÈNE VI.

LES PRECÉDENS, ZELIE, *un gros livre à la main.*

TRIO.

LISETTE.

Ciel ! ma maîtresse !

TERVILLE, *à Zélie.*

Adorable personne,
Que près de vous mon sort sera charmant !

(Il tousse.)

Autant que belle, ah ! si vous êtes bonne,
Pour attirer les cœurs vous êtes un aimant.

LISETTE et TERVILLE, *à part.*

Fort bien, fort bien, vraiment.

ZÉLIE, *à part.*

C'est ce vieux intendant
(*haut.*)
En vous voyant, je le devine,
Vous êtes l'homme que j'attends.
L'un de l'autre, je l'imagine,
Nous serons toujours très-contens.

TERVILLE.

Je vois combien vous êtes fine,
Combien vos yeux sont pénétrans;
Mais il ne faut pas sur la mine
Toujours, toujours juger les gens.

ZÉLIE.

On me l'écrit, à vous connoître
Je gagnerai de plus en plus.

TERVILLE.

De vos bontés je suis confus.
Quand vous le connoîtrez, peut-être
Robert ne vous conviendra plus.

LISETTE, *à part.*

Quand on le connoîtra, peut-être
L'intendant ne conviendra plus.

ZELIE.

Monsieur Robert, je le proteste,
Me conviendra toujours très-bien.
Il est sage, prudent, modeste.....

TERVILLE.

Quoi! moi, sage, prudent, modeste,
Ce portrait-là n'est pas le mien.

LISETTE, *à part.*

Qui, lui, sage, prudent, modeste?
Ce portrait-là n'est pas le sien.

ZELIE, *à part.*

Son air me plaît : quel ton modeste!
Je veux qu'ici toujours il reste,
Ce vieillard me servira bien.

TERVILLE, *à part.*

Heureux Terville, elle est céleste!
Moi, c'en est fait, ici je reste,
En vérité, j'y suis fort bien.

LISETTE, *à part.*

Je vois qu'il la trouve céleste;
Je veux qu'ici toujours il reste,
Et je m'en trouverai fort bien.

ZÉLIE.

Ce n'étoit que demain que j'espérois vous voir.

TERVILLE.

Il est vrai, mais l'ardeur, l'empressement, le zèle ;
Puis les événemens..... Enfin, mademoiselle,
Je crois que j'ai bien fait d'arriver dès ce soir.

ZÉLIE.

Assurément. Je vais moi-même,
Pour ne pas perdre un seul moment,
Vous faire ouvrir l'appartement
Que vous occuperez.

TERVILLE.
Quelle faveur extrême !

ZÉLIE.

Dans celui-là vous trouverez
Registres et papiers. Ce soir vous les lirez,
Vous en prendrez entière connoissance,
Ce soir, entendez-vous.

TERVILLE.
A merveille.

ZÉLIE.
Et demain.....

TERVILLE.

Demain ?

ZÉLIE.
Pour un voyage.....

TERVILLE.
Eh ! quoi ?

ZÉLIE.
De grand matin

Vous partirez en diligence.

*(Elle sort, en laissant Terville stupéfait, et en faisant
signe à Lisette de la suivre.)*

SCENE VII.

TERVILLE, *seul.*

Eh ! me voilà bien avancé.
Quitter demain matin ce séjour ! Non, Zélie,
Non, je ne suis pas si pressé.
Mais c'est qu'on n'est pas plus jolie.

Allons, ne souffrons pas que la mélancolie,
De la fille de mon ami
Consume lentement la vie :
De cet objet doux et chéri
Je veux guérir, s'il se peut, la folie.
L'honneur, le sentiment, tout m'en fait un devoir.
Arrachons sa jeunesse à ce triste manoir ;
Que la société soit par elle embellie.
Sans doute il faut s'y prendre avec ménagement :
Ne dessillons pas brusquement
De ces yeux délicats la tremblante paupière ;
Qu'un rayon tempéré les frappe, et lentement
Les accoutume à la lumière.
(*Avec gaîté.*)
C'est fort bien dit ; mais comment faire ?
En vérité, je n'en sais rien.
Si pourtant je ne trouve un sûr et prompt moyen,
Demain, je pars ; demain le vrai Robert arrive,
Et le reste, je crois, se devine fort bien.
Mais la voici. Voyons si quelque tentative.....

<hr>

SCÈNE VIII.
TERVILLE, ZELIE.
ZELIE.

Votre appartement est tout prêt ;
Il est sur le jardin, vous y serez tranquille.
(*Elle s'assied, en prenant son livre.*)

TERVILLE, *à part.*

Bon, c'est celui qui touche au cabinet secret.

ZÉLIE, *sans le regarder.*

Vous vous ferez conduire.

TERVILLE.
Oh ! non, c'est inutile.
(*revenant sur ses pas.*)
Je sais fort bien..... Ce château m'est connu ;
Du temps de vos parens j'y suis souvent venu...
(*à part.*)   (*haut*)
Quoi ! point de questions ? J'étois l'homme d'affaires
D'un de leurs bons amis que j'ai, depuis long-temps,
Quitté pour quelques différends.

Il n'est plus, et son fils ne lui survivra guères.
Ce pauvre enfant! l'histoire est des plus singulières,
    Et vous y prendrez intérêt.

ZÉLIE *à part, avec humeur.*

Conter est des vieillards la manie éternelle.

(Terville s'appuie sur le dos du fauteuil de Zélie, qui
d'abord est distraite, et devient par degrés plus atten-
tive.)

TERVILLE.

L'hymen devoit l'unir au plus aimable objet.
Mais le nom, direz-vous, de cette demoiselle?
Ma foi, je n'en sais rien. Par ses parens, au fait,
L'affaire étoit conclue. Elle refuse net.

ZÉLIE, *à part.*

Comme cette aventure est semblable à la mienne!

TERVILLE.

L'obstacle l'aiguillonne; et, plus il a de peine,
Plus un refus constant, loin de le rebuter,
Par un charme inconnu l'engage à persister.
    Voilà bien la nature humaine!

(Il appuie beaucoup sur ce mot.)

Un jour, enfin, Terville..... Eh! moi, qui ne vois pas
    Que ce long discours vous ennuie!
    Pardon, de grâce, je m'en vas.

ZÉLIE, *le retenant.*

Non, non, je suis bien aise.... Achevez, je vous prie.

TERVILLE, *à part.*

Flattons la vanité; c'est le chemin du cœur.
    (haut.)
Terville voit un jour cet objet enchanteur.
Dans ses veines se glisse une rapide flamme ;
    Il cède à ses accès brûlans,
    Et du désordre de son âme
    Naît bientôt celui de ses sens.
    La fièvre ardente, le délire.....

ZÉLIE, *se levant.*

Vous m'effrayez, monsieur.

TERVILLE.

        Ce n'est rien. Le transport.....

Enfin, le pouls s'éteint, l'œil se ferme...

Z É L I E , *jetant un cri.*

Il est mort!

T E R V I L L E.

Pas tout à fait.

Z É L I E.

Ah! je respire.

T E R V I L L E , *se considérant lui-même.*

Mais, comme il est changé! dans l'état où l'a mis
Cet amour dévorant qui s'est rendu son maître,
   Je crois que ses meilleurs amis
   Auroient peine à le reconnoître.
   Il me semble que je le voi ;
Il a le dos voûté, d'un pas foible il chancèle.....
   Comme je fais, mademoiselle.....
Pour connoître Terville, enfin, regardez moi.

Z É L I E.

Eh! quoi, monsieur.....

T E R V I L L E.

Un jour (je crois l'entendre encore)

Il me dit : Je péris d'un amour sans espoir ;
Je n'ai fait qu'entrevoir la femme que j'adore,
Et pour jamais, ami, je cède à son pouvoir.
Que n'ai-je pas tenté pour la rendre sensible.
Mais son cœur à l'amour paroît inaccessible?
   Elle a toujours refusé de me voir.
    A cette rigueur si cruelle,
   Je sens que je succomberai.
Eh bien, si je descends dans la nuit éternelle,
Comme elle est tout pour moi, comme je meurs pour elle ,
A ses côtés sans cesse , ami , j'habiterai.

Z É L I E.

Il vous a dit cela !

T E R V I L L E.

Ma mémoire est fidelle.

(*Tirant un portrait de sa poche.*)

Puis il m'a donné sonné son portrait.
Promets-moi, m'a-t-il dit, de conserver sans cesse
   Ce don que l'amitié te fait.
Oh, oui, je le conserve, et ma vive tendresse.....
(*Il feint de vouloir serrer le portrait, et le laisse couler*

sur la table.)

Pardon, c'est que ce pauvre enfant,
Je le chéris..... comme moi-même.
Il faut, me suis-je dit souvent,
En voyant sa douleur extrême,
Que l'objet inconnu qui cause son tourment
Soit un cœur de rocher ; soit un tigre.....

ZÉLIE, *deconcertée.*

Comment ?

TERVILLE.

Sans doute, il faut, mademoiselle,
Avoir, convenez-en, uue âme bien cruelle,
Pour souffrir.....

ZÉLIE.

Arrêtez ; ce zèle est indiscret.
L'objet que monsieur Terville aime,
C'est moi.

TERVILLE.

Se peut-il bien ? Vous ?

ZÉLIE.

Oui, monsieur, moi-même.

TERVILLE.

Mais.....

ZÉLIE.

Non, brisons sur ce point, s'il vous plaît.
Tout effort seroit inutile.
J'ai résolu de fuir les hommes et l'amour ;
Mon cœur dans ce dessein s'affermit chaque jour.
Est-ce ma faute si Terville.....
Mais aussi pourquoi m'en parler ?
Tout ce que j'apprends là ne sert qu'à me troubler.
Ne peut-on me laisser tranquille ?
On n'éprouva jamais un semblable tourment.
Je ne veux plus, je vous l'annonce,
Que tous ces mots d'amour et d'hymen et d'amant
Soient proférés ici.

TERVILLE.

C'est parler sagement.
Et j'ai vraiment regret.... Oh! si je les prononce !

Z É L I E.

Fort bien.

T E R V I L L E.

Vous pouvez croire.....

Z É L I E.

Eh ! oui....

T E R V I L L E.

Je vous réponds.....

Z É L I E.

Encor.....

T E R V I L L E.

Je vais là bas travailler avec zèle.
(à part)
Courons voir Lisette, et cherchons
(haut.)
Par quel moyen..... Bon soir, mademoiselle.

(Il sort.)

S C E N E IX.

Z E L I E, *seule.*

De tout ce récit-là j'aurois pu me passer.
Terville ..., cet amour..... ses funestes ravages.....
Pauvre jeune homme ! Eh ! bien, à quoi vais-je penser !
Il faut écarter ces images.
Comment dans ma retraite on ne peut me laisser ?

S C È N E X.

ZELIE, LISETTE, et ensuite TERVILLE,

L I S E T T E *à Terville, qui ne paroît pas.*

Fort bien : à votre poste allez donc vous placer.
Tout ce qui vous est nécessaire
S'y trouve par mes soins..... C'est bon ; laissez-moi faire.
(à Zélie.)
Mademoiselle a l'air triste, agité.....

Z É L I E.

C'est ce monsieur Robert. Je suis d'une colère.....

L I S E T T E.

Monsieur Robert ! En quoi vous a-t-il pu vous déplaire ?

Z É L I E.

Que sais-je, moi, ce qu'il m'a raconté ¿
Que Terville, accablé par ma rigueur extrême,
Est près de descendre au tombeau.

L I S E T T E.

Qu'entends-je? En vérité, le trait seroit nouveau.
Je crois assurément que Terville vous aime ;
Mais descendre au tombeau, c'est un peu violent.
Non, malgré les rigueurs d'une beauté sévère,
On ne meurt plus d'amour dans le siècle présent.
(jetant un coup d'œil sur Terville qui entr'ouvre le pan-
Moi, je le parirois, le bonhomme exagère.   *neau.)*

T E R V I L L E, *à part, montrant Lisette.*

Quel projet est le sien ?

Z É L I E.

Non, je crois son récit :
Des effets de l'amour que ne m'a-t-on pas dit !
(Terville fait signe à Lisette de s'emparer du portrait.)

L I S E T T E.

Eh! que vois-je? un portrait? Mais c'est monsieurTerville?..

Z É L I E.

Ah ! Robert l'a laissé ?

L I S E T T E.

Dieu ! comme il est joli !
Regardez-le.

Z É L I E.

Soin inutile.

L I S E T T E.

Ainsi donc votre cœur ne peut être attendri !

Z É L I E.

Je hais l'Amour, je le déteste ;
Jamais il n'aura le pouvoir
De troubler mon repos..... oh! je te le proteste.

T E R V I L L E, *à part.*

Jamais! c'est ce qu'il faudra voir.

L I S E T T E.
Mais vous m'avez parlé bien des fois sans colère
D'un amour Platonique.....

Z É L I E.
Oh! c'est bien différent ;
Cet amour-là, Lisette, auroit droit de me plaire.
(*Lisette et Terville se font des signes.*)

L I S E T T E.
Le livre que vous aimez tant
Traite, je crois, cette matière :
Voudriez-vous m'en lire un passage ?

Z É L I E, *avec joie.*
Vraiment ?

L I S E T T E.
Que sait-on ? Si j'allois, là, tout subitement
Y prendre goût.

Z É L I E.
Je vais te satisfaire.
Tu me ravis, Lisette : écoute bien.

L I S E T T E.
Commencez ; je n'en perdrai rien.

T E R V I L L E, *à part.*
Où veut-elle en venir ?

Z É L I E, *lisant avec enthousiasme.*
« Cet amour Platonique
» Qui d'un siècle pervers excite la pitié,
» Offre aux cœurs purs un attrait angélique,
» Que n'a pas même l'amitié.
» Deux êtres qui, comblés des dons de la nature,
» D'un nœud si beau connoissant tout le prix,
» Goûtent, sans cesse plus épris,
» Au sein de l'innocence un bonheur sans mesure ;
» Et devenus presque des Dieux,
» Qui dépouillent des sens l'enveloppe grossière,
» Sur des ailes de feu, libres de la matière,
» Ils volent habiter les cieux. »
Voilà ce qui s'appelle un amour véritable.

T E R V I L L E, *à part.*
C'est superbe, en honneur !

Z É L I E.
Et non ce fol amour,
Enfant toujours armé d'un carquois redoutable,
Et qu'on nous peint privé de la clarté du jour.

(25)

TERVILLE, *à part.*

Fi donc!

LISETTE.

Tout ce morceau sans doute est admirable;
Ce qui me fâche.....

ZÉLIE.

C'est ?....

LISETTE.

De n'y comprendre rien.

ZÉLIE.

Poursuivons : tu vas voir que tu comprendras bien.
  « Quand de l'amour l'implacable furie
» A moissonné l'amant tendre et respectueux,
» Pour revoir ce qu'il aime il retrouve la vie;
    » Son âme erre sans cesse aux lieux
    » Qu'habite sa fidèle amie..... »
      (*Elle se lève avec vivacité.*)
    Eh bien, voilà précisément
Ce que j'ai toujours cru ; ce que secrètement
Ma timide raison prenoit pour des folies ,
Et mon cœur inspiré pour un pressentiment.

LISETTE, *la contemplant.*

Bon ! elle est dans ses rêveries.
    (*à Terville.*)
J'ai fini : votre rôle est facile à présent.
(*Elle sort ; Terville lui fait un signe , et referme le*
                    panneau.)

SCÈNE XI.

TERVILLE, *dans le cabinet,* **ZELIE.**

ZÉLIE.

Oui, par un doux frémissement,
D'un aspect désiré nos âmes averties.....
Mais dois-je me livrer à cet espoir charmant?

DUO.

ZELIE.

Dans cette épaisse obscurité
Quel guide conduira mon âme.

TERVILLE.

Mon âme [1].

(Zélie étonnée prête l'oreille, regarde partout, et croit qu'elle s'est
trompée.]

ZELIE.

O ! qui pourra jamais, céleste vérité,
Faire à mes yeux briller ta flamme ?

TERVILLE.

Ta flamme.

ZELIE.

Le trouble étouffe mes accens ;

Quelle est donc cette voix ? A peine je respire.....

TERVILLE.

Respire.

ZELIE.

Ah ! répète tes sons touchans,
Dis moi : ce n'est point un délire.

TERVILLE.

Ce n'est point un délire.

---

[1] La scène d'écho du *Pastor Fido*, de Guarini, est connue : celle
du *Berger Extravagant*, comédie de Thomas Corneille, l'est beaucoup moins ; elle est très-curieuse. Le Berger dit à l'Echo.

Que ferai-je, ayant mis mon mal en évidence :

L'Echo répond :   Danse.
Et plus bas :

LYSIS.

Que ferai-je, hélas ! si tout en pleurs
Je ne puis appaiser ses mauvaises humeurs ?

CHARITE, *cachée derrière un arbre.*
Meurs.

LYSIS.

Quelle mort choisir, s'il faut que je l'aborde,
Et demande secours sans qu'elle me l'accorde.

CHARITE.

La corde.

LYSIS.

Quoi, la corde ! Ah ! tu me prends sans verd ;
Ou c'est celle de l'arc dont Cupidon se sert.
Nymphe, n'est-ce pas là ce que tu veux entendre ?
Réponds.

CHARITE.

Non, je te dis une corde à te pendre.

LYSIS.

Ah ! sotte et folle Echo, tu bavardes beaucoup.
D'où te vient cette humeur ? as-tu trop bu d'un coup ?

Z E L I E, *dans la plus grande agitation.*

Être invisible, être enchanteur,
Quel intérêt ici t'appelle ?
Parle, dissipe ma frayeur.

T E R V I L L E.

Tu veux que ma voix te révèle
Quel intérêt ici m'appelle :
Ecoute-moi , dissipe ta frayeur.
Vainement la Parque inhumaine
De mes jours moissonna la fleur ,
Toujours mon penchant me ramène
Aux lieux où j'ai laissé mon cœur.

E N S E M B L E.

Le trouble étouffe { mes / ses } accens.

A peine { je / elle } respire.

Z E L I E.

Ah ! répète tes sons touchans ,
Dis-moi : ce n'est point un délire.

T E R V I L L E.

Ce n'est point un délire.

Z É L I E.

Eh ! quoi , ce ton plaintif et ces tendres accens ,
Ce jeune homme qui meurt à la fleur de ses ans ,
Que penser..... Si Terville..... Ah ! que je suis émue.
(*prenant le portrait qu'elle considère.*)
Comme ses traits sont doux ! comme ils charment ma vue !
(*se tournant du côté de la voix.*)
Es-tu Terville , parle ? aurois-je deviné ?

T É R V I L L E , *d'un ton grave et plaintif.*

R E C I T A T I F.

Oui , je suis cet infortuné ,
Qui n'a pu résister aux rigueurs de Zélie ;
Hélas ! un seul moment pour te voir m'est donné ;
Ta présence à mes vœux pour toujours est ravie ,
Et déjà loin de toi je me sens entraîné.
Adieu !

S C È N E X I I.

Z E L I E, *seule.*

Il fuit....Réponds, Terville , à ma voix gémissante.....
Reviens ; mais c'en est fait, ma plainte est impuissante.

Hélas ! si te fixer 'est pas en mon pouvoir,
Accorde-moi du moins, tu ne peux t'en défendre,
   Que je puisse un instant te voir,
Et qu'un touchant adieu..... Paix, paix, je crois l'entendre.

SCENE XIII.

ZELIE, TERVILLE, *en vieux intendant,
ayant des lunettes sur le nez, et tenant des
papiers à la main.*

TERVILLE.

Pardon, si je vous viens déranger un moment.

ZÉLIE, *à part.*

Encor cet importun !

TERVILLE.

    Expliquez-moi comment
Nicolas Jacquemin, fermier de votre père.....

ZÉLIE, *avec dépit.*

Je n'en sais rien, monsieur.

TERVILLE.

    A, pardevant notaire,
Passé bail, le trois du courant,
De quinze arpens de terrein seulement,
Quand ledit.....

ZÉLIE.

    Eh ! monsieur, laissez là cette affaire.

TERVILLE.

Quand ledit Jacquemin, suivant cet inventaire,
Dont je mets sous vos yeux la grosse en parchemin.....

ZÉLIE.

    Que me fait votre Jacquemin ?
Pardon..... Si vous saviez..... Ayez quelque indulgence ;
Mon esprit est troublé ; je ne suis plus à moi.

TERVILLE, *la regardant sous le nez avec ses lunettes.*

Que me dites-vous là ? vous me glacez d'effroi.
Je vous trouve des yeux..... Pourquoi donc ce silence ?
    Vous m'alarmez ; qu'avez-vous ?

Z É L I E.

Ce n'est rien.

T E R V I L L E.

Je vais sonner vos gens.

Z É L I E, *l'arrêtant.*

Ah ! gardez-vous-en bien.
Je veux être seule au contraire,
Et vous m'obligeriez de me laisser ici.

T E R V I L L E.

Moi ! vous abandonner ainsi !
Permettez-moi de n'en rien faire.
L'état où je vous vois..... De grâce, dévoilez.....

Z É L I E.

Eh bien, apprenez tout, puisque vous le voulez.
Car aussi bien, je ne puis plus me taire.
Sachez que j'étois seule en cet appartement,
Quand tout à coup se fait entendre
Une céleste voix..... J'écoute ; un jeune amant,
Terville, aux sombres bords, hélas ! vient de descendre.
C'est moi que d'amour pur il aime éperdûment.
Son âme, que subjugue un charme irrésistible,
Dans ces lieux un moment a voulu revoler.
Oh ! combien je chéris ce commerce invisible,
Quel tort vous m'avez fait en venant le troubler !

T E R V I L L E.

Dites : en détruisant vos songes,
Vous avez, je le vois, fait un rêve charmant,
Et vous avez pris, en dormant,
Pour des réalités d'agréables mensonges.

Z É L I E.

Comment ! pour des réalités !
Mais je veillois.

T E R V I L L E.

Erreur.

Z É L I E.

J'étois ici.

T E R V I L L E.

Prestige.

Z É L I E.

Eh bien, voilà-t-il pas qu'à présent vous doutez.....
Figurez-vous.....

T E R V I L L E.

Erreur, vous dis-je.

J'aurois pu vous croire à vingt ans,
A cet âge où tout est chimère ;
Mais, vieux comme je suis..... non, la raison m'éclaire,
Et des illusions j'ai passé l'heureux tems.

ZÉLIE.

Son incrédulité me met d'une colère !....
A votre aise, monsieur, riez de tout ceci :
Mais que me diriez-vous, s'il se faisoit entendre ?

TERVILLE.

Il s'en gardera bien, tant que je suis ici.
  J'aurois beau jeu, j'imagine, à l'attendre.
Voyons, je l'en défie.

ZÉLIE.

            Ah ! c'en est trop, enfin,
Et vous mériteriez..... Mais il cède au destin ;
Terville est pour toujours séparé de Zélie.
    Ce commerce pur, enchanteur,
Auroit fait, je le sens, le bonheur de ma vie :
    Il faut renoncer au bonheur.

TERVILLE, *à part.*

    Comme sa douleur est naïve !
        (*haut.*)
Je cède : à l'évidence il faut ajouter foi.
    Terville n'est plus, je le voi,
Et vous le regrettez..... Cette plainte est tardive.
De vos rigueurs pourtant voilà quel est le fruit :
Ces livres exaltés, dites, qu'ont-ils produit ?
Aux plus douces des lois votre cœur fut rebelle ;
    Voyez où cela vous conduit.
    Si, moins sauvage, moins cruelle,
Vous eussiez de Terville encouragé l'amour,
    L'amour pur, délicat, fidèle,
Il jouiroit encor de la clarté du jour,
Des amans, des époux il seroit le modèle.

ZÉLIE.

Des époux !.... De l'hymen j'aurois subi les lois !
    Eh ! quoi, d'une chaîne aussi dure
    Zélie auroit porté le poids !

TERVILLE.

    A l'hymen vous faites injure.
L'hymen, pour l'honnête homme est la source des biens ;
Ses plaisirs, croyez-moi, sont plus vifs que ses peines ;
C'est pour les cœurs pervers qu'il réserve ses chaînes ;

Pour les cœurs vertueux il a de doux liens.
Si jamais le bonheur habita sur la terre,
S'il daigna quelquefois habiter parmi nous,
   Ce fut le toît de deux époux
   Qu'il choisit pour son sanctuaire.
   Laissez le froid célibataire
S'égarer tristement en cherchant le plaisir.
   (*montrant les fleurs qui sont sur la table.*)
Regardez cette plante et si fraîche et si belle ;
   Sa perfection, quelle est-elle ?
   Vous le voyez, c'est de fleurir ;
Et la vôtre, en dépit d'une vaine chimère,
   La vôtre, c'est de devenir
   Fidèle épouse et tendre mère.

SCÈNE XIV et dernière.
LES PRECEDENS, LISETTE.
FINALE.

ZÉLIE, *sur le devant de la scène.*

J'ouvre les yeux, un nouveau jour m'éclaire.
TERVILLE et LISETTE.
Un nouveau jour l'éclaire.
ZELIE.
Que je gémis de mon aveuglement !
TERVILLE et LISETTE.
Elle gémit de son aveuglement.
ZELIE.
Terville, ô malheureux amant !
TERVILLE et LISETTE.
Terville, ô trop heureux amant !
ZELIE.
D'un bonheur inconnu l'image douce et chère
Redouble aujourd'hui mon tourment.
TERVILLE et LISETTE.
D'un bonheur inconnu l'image douce et chère
Redouble aujourd'hui son tourment.
TERVILLE, *s'approchant.*
Mais s'il pouvoit renaître à la lumière.....
ZELIE.
Dieu ! s'il pouvoit renaître à la lumière.....
TERVILLE.
Si tout à coup, sous sa forme première,
D'amour encore il pouvoit palpiter.

(32)

ZELIE.

Si tout à coup sous sa forme première
D'amour encore il pouvoit palpiter,
Ah! pour lui seul je voudrois exister. .

(Lisette enlève la perruque et le surtout de Terville ,
qui tombe aux pieds de Zélie.)

TERVILLE.

Terville est à vos pieds ; l'amour fait ce prodige.

ZÉLIE.

Terville ! ô ciel !

TERVILLE.

Oui , d'un art innocent
J'ai, pour vous éclairer, emprunté le prestige.....
Me le pardonnez-vous ?

ZELIE, *du ton le plus tendre.*

Soyez toujours constant.

TERVILLE.

Oui , je serai toujours constant.

VAUDEVILLE

ZELIE.

D'une illusion que j'abjure
Je reconnois la vanité ,
Mon cœur, instruit par la nature,
Cède à la douce vérité ;
Je quitte les cieux pour la terre :
On ne poursuit plus la chimère ,
Quand on a la réalité.

TERVILLE.

Fixé pour jamais par vos charmes ,
Terville perd sa liberté ;
Terville , en vous rendant les armes,
Jure à vos pieds fidélité.
Cette vertu ne se voit guère ,
Ailleurs peut-être elle est chimère ;
Elle est ici réalité.

LISETTE, *au public.*

Séduit par les brillans mensonges
Que fait naître sa vanité ,
Un auteur souvent dans ses songes
Se promet la célébrité ;
Il se croit certain de vous plaire ;
Mais dans sa tête est la chimère ,
Dans vos mains la réalité. .

FIN.